QUINA

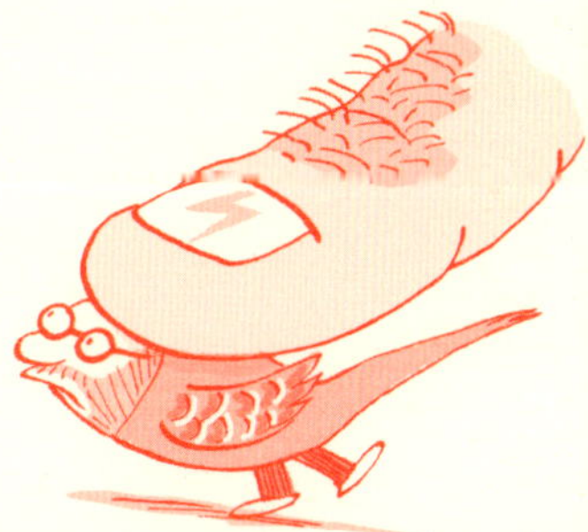

Matthias Biskupek

Der soziale Wellensittich

ganz individuell

Matthias Biskupek

Der soziale Wellensittich

Die grauenhafte aber erbauliche Geschichte
vom Zusammenleben eines intelligenten Vogels
mit einem von der Gesellschaft permanent
überforderten Schriftsteller

Mit tierisch einfühlsamen Bildern des
Ornithologen Ioan Cozacu,
Gattungsname Nel

Individuell

1. Auflage 2005

Illustrationen: Ioan Cozacu (Nel)
Layout: Ines Jerratsch
Druck: Hans Gieselmann Druck- und Medienhaus GmbH & Co KG

ISBN 3-935552-11-4

1. MESSER IM RÜCKEN

Natürlich hocke ich allein zu Haus, wie ein amerikanischer Filmheld. Filmhelden sind, glaube ich, immer amerikanisch. Heroes. Deutsche Filmhelden heißen Figuren und machen schlechte Figur. Natürlich bin ich zu dick. Natürlich bin ich nicht ganz allein. Es quirrt und quorrt und quitschert. Das macht es, weil ich zum einen das Q benutzen will. Das ist ein vernachlässigter Buchstabe, zu oft nicht gebraucht, wie ich. Ich fühle mich zu Buchstaben, die in der Textgesellschaft wenig auftauchen, hingezogen. Zum anderen quirrt und quorrt und quitschert es, weil mein Wellensittich sich dergestalt bemerkbar macht. Auch er meint offensichtlich, das Q würde stiefmütterlich behandelt. Er erzählt mir etwas, was ich zur Zeit noch nicht verstehe. Ich verstehe ihn immerhin insofern, als auch ich alle naselang nicht verstanden werde.

Ich habe den Wellensittich gebraucht gekauft. Der Vogelhändler meines Vertrauens hat ihn von einem älteren Ehepaar in Kommission genommen. Der Vogelhändler hat mir erzählt, warum das Ehepaar sich vom Vogel trennen wollte, aber ich habe nicht verstanden, warum. Akustisch nicht. Es quirrte und quorrte und quitscherte in des Vogelhändlers Show-Room. Auch Vogelhändler sind heutzutage keine Operettenfiguren mehr, sondern knallharte Verkaufsstrategen mit

Know-How, Staubsaugern und Kaffee-Großpackungen im Angebot. Obwohl ich den Verkaufstrategen nicht verstand, konnte er mir seine Strategie verklickern. Ich habe also, knallhart überzeugt, das Buch „Der Wellensittich in Käfig und Freiflug“ gekauft. Dazu einen ökologisch getesteten Vogelbauer aus Edelstahl mit drei Pfund Sprechfutter „Trill eiweißreich mit Vitamin C“. Das Buch war doppelt so teuer wie der Wellensittich und der Käfig doppelt so teuer wie das Buch. Das Sprechfutter war ein Werbe-Angebot.

Nun besitze ich also eine Vogelwohnung, die viermal so teuer wie der Bewohner ist. Wenn ich das auf Menschenmaß umrechnete, entspräche ich selber etwa fünfzigtausend. Euro. Hinzu kämen meine Betriebskosten.

Natürlich stimmt meine Rechnung aus drei Gründen nicht. Meine Wohnung gehört mir nicht, obwohl zunehmender Wohnungsleerstand das Land in die Katastrophe treibt. Ich bin nicht der einzige Wohn-Insasse. Und den Wellensittich habe ich für die Kinder gekauft. Er ist sozusagen Teil der Kinder-Betriebskosten.

Beim Frühstück habe ich neulich eine Bemerkung gemacht. Harmlos. Es ging um die Kleiderordnung der Kinder, und ich habe die Bemerkung nicht ernst, sondern liebevoll ironisch gemeint. Meine Kinder nahmen das zum Anlaß, mir kraftvoll mitzuteilen, daß ich mich nicht wundern solle, wenn ich eines Morgens mit einem Messer im Rücken erwachte. Das sei unironisch gemeint und lieblos.

QUASSE
Q-FFEE

Ich schlafe auf dem Bauch und muß rückwärtige Drohungen ernst nehmen. Meine Kinder nehme ich immer als Einheit & Geschlossenheit wahr und also ebenfalls ernst. Sie sind schlaksig, überragen mich um viele Haaresbreiten und sind zum Teil weiblich. Das ist an der Kleiderordnung feststellbar. Sie haben eine sehr moderne Art, mit mir umzugehen, weil ich liberalistisch sei und ihnen keine festen Normen vermittele. Früher seien Eltern autoritär gewesen. Sie hätten drakonische Strafen verhängt. Hausarrest, Lederriemen, Fernsehverbot. Da seien Kinder noch gezüchtigt worden, folglich geschätzt gewesen.

Meine Kinder lehnen fast jede Art von Alkohol und fast jede Art zerkleinertes Rindfleisch ab. Sie treiben regelmäßig Sport und verfolgen die Aktienkurse. Sie surfen, sprechen fehlerfrei englisch und verständigen sich in einem Idiom namens SMS. Sie schätzen ihre Mutter hoch, und das läßt mich für sie hoffen.

Um eine Hochschätzung auch für mich zu erreichen und um vor einem großen Messer im Rücken geschützt zu sein, habe ich den gebrauchten Wellensittich gekauft. Wenn Kinder Verantwortung für ein lebendiges Wesen tragen müssen, schärft sich ihre Sozialkompetenz. Sie werden weitherziger, großzügiger; auch verbessert sich der Teint. Natürlich möchte vor allem ich von der sozialen Kompetenz meiner Kinder profitieren. Sie sollen begreifen, daß auch ich Anspruch auf Zuwendung habe. Daß auch meine Arbeit wichtig ist. Daß nicht nur ihre hochgeschätzte Mutter voll im Leben steht, sondern daß auch ich gelegentlich den einen oder anderen Schritt in ein sinnerfülltes Dasein zu tun im Begriffe bin. Auch ich, quitscherte es symbolisch aus mir, bin ein Mensch!

Meine Kinder schauten den Wellensittich groß an: Hat der einen Namen? Ich sagte wahrheitsgemäß: Er wurde von den Vorbesitzern Kina genannt.

Meine Kinder sind weit gereist und schlußfolgerten, er sei in bayerischer Umgebung aufgewachsen und mit Kina sei China gemeint. Was wohl Urheimat hiesiger Wellensittiche sei. Ihre Mutter mutmaßte, daß der Vogel vielleicht in einem absolut rückwärtsgewandten Umfeld erzogen worden sei. KiNa habe nach schauervollen Erzählungen ihrer Vormütter einst ein Muttermilch-Ersatzprodukt geheißen. Habe Kinder aufgeschwemmt und zu Töpfchenkorrektheit gepreßt.

Ich erklärte, daß die a-Endung wohl lediglich auf einen weiblichen Vogel hinweisen wolle. Die Mutter meiner Kinder widersprach mit klarer, fester Stimme. Es heißt: Der Wellensittich. – Der Wellensittich ist männlich, versetzte sie mit weiblicher Härte und schaute mich an.

Die Kinder öffneten den Käfig. Sofort hüpfte der Wellensittich auf einen erhobenen Kinderzeigefinger. Dazu quorrte, quarrte und quitscherte er übers ganze Vogelgesicht.

Der ist ja zahm, meinten, murrten und moserten die Kinder und gingen, null Alkohol zu trinken und emsig Sport zu treiben.

Von Stund an war es mir überlassen, den Vogel zu hegen, zu pflegen und ihm zuzuhören. Da er die Qu-Laute aus rein schnabeltechnischen Gründen liebt, ist das nicht immer einfach. Doch ich bin ein lernfähiges Menschenwesen. Auch habe ich Zeit, da ich meist allein zu Hause hocke, wie ein amerikanischer Filmheld.

2. ANTRAG AUF ZUWENDUNG

Ich bin Produzent. Produzent kleinteiliger Textstücke. Diese gelangen über Verlage, Rundfunkstationen, Zeitschriften und Kabaretts an den Verbraucher, meist eine Verbraucherin. Diese zahlt Eintrittsgelder, Buchpreise und Rundfunkgebühren. Über ein kompliziertes System von Kuponschneiderei gelange ich an einen Teil des Gewinns. Einen kleinen Teil. Einen, um genau zu sein, nicht wahrnehmbaren Teil. Es würde das Wirtschaftsgefüge Europas überhaupt nicht beeinflussen, würde mein Anteil verdoppelt oder verfünffacht. Hingegen stiege ich im Ansehen meiner Kinder gewaltig. Sie würden es dann wahrscheinlich nicht übers Herz bringen, mir von einem sehr, sehr großen Messer in meinem Rücken zu erzählen.

Mein Wellensittich quarrt, während ich dies aufschreibe. Sollte ich seine Meinung in mein Werk einbeziehen? Für einen Moment, gerade als ich „Rundfunkgebühren" in meinen mit Dampf betriebenen Computer eintippe, hört sich sein Quitschern an wie „Quotenquatsch!". Ob wenigstens wir eine gemeinsame Sprache finden werden? Mein Freund Kina und ich ... wir wär'n wie zwei Tauben ...

Der Dampfcomputer – ein Apparat aus den frühen Neunzigern des zwanzigsten Jahrhunderts – ist übrigens Anlaß für Hohn und Spott meiner Kinder. Sie mailen, downloaden, operaten und playmobilen. Mein Apparat brummt lediglich gefährlich. Hat er lange genug gebrummt, läßt er mirnichtsdirnichts ganze Passagen meiner kleinteiligen Texte verschwinden. Wahrscheinlich verdampfen sie auf der zu heiß gewordenen Festplatte. Vielleicht aber sind genau dies jene Passagen, die sowieso dem Befehl „Löschen“ meiner Redakteure, Lektoren und Dramaturgen anheimfielen.

Vielleicht hält mein Dampfcomputer seine schützende Hand über mich? Dabei habe schon ich selbst ein geheimes Sicherungssystem über meine Arbeit gelegt. Meine Texte lasse ich unter dem Pseudonym „Biskupek“ veröffentlichen. Das fand ich vor Jahren in einem polnischen Roman. Es stellt im Deutschen nichts anderes als einen „kleinen Geistlichen“ dar. Und so was bin ich schließlich. Im kleinen. Ein kleindeutscher, kleinteilige Texte schreibender Kleingeistlicher. Ich fand „Biskupek“ klinge fremdartig, aber durchaus einprägsam. Nichts Weiches, Schwingendes, kein Oh, Ah und Auweih. Scharf, bissig, spitzig, mit knackigen Konsonanten darin. So wollte ich schreiben: kompromißlos, knackig, biskupeksch. Damals, als ich unter diesem Pseudonym zu publizieren begann, hoffte ich noch, daß der Name vielleicht polnische Übersetzer anregen würde, mein Werk bis hinter Weichsel und Masuren zu verbreiten. Doch außer vier Kurzgeschichten für einen Almanach „Polnische Stimmen aus Übersee“ und einem reimlos-anklagenden Gedicht für die „Zeitung des Kleinpolen“ wurde bisher nichts übersetzt.

„Quommtnoch, quommtnoch" läßt sich mein Wellensittich vernehmen, als ich an diese Endlosschleife meines Gedankenbandes gelangt bin. Will er mich trösten oder ist er ein seherisch veranlagtes Tier?

Ich weiß noch so wenig über sein Vorleben. Vielleicht sollte ich meinen Vogelhändler noch einmal aufsuchen? Bald schon werden die drei Pfund „Trill eiweißreich mit Vitamin C" aufgebraucht sein. „Ein Wellensittich verspeist täglich Futter im halben Gegenwert seines Körpergewichts", lese ich im „Wellensittich in Käfig und Freiflug". Was ist der halbe Gegenwert eines Körpergewichts? Wahrscheinlich würde ich auch als Lektor oder Redakteur nie das Salz in der Suppe verdienen können. Ich denke einfach zu viel über Ausdrücke im halben Gegenwert eines Körpergewichts nach.

Über mein Pseudonym habe ich damals offensichtlich nicht genug nachgedacht. Hätte ich mich beispielsweise Yan Tsekang genannt, wäre ich vielleicht in eine Anthologie „Chinesisches Familienglück hinter den langen Wassern" aufgenommen worden sein und hätte hundert Millionen Leser. Allerdings auch keinen echten Euro mehr.

Meine Kinder nutzen mein Pseudonym natürlich. Um mich von ihnen zu unterscheiden. Sie könnten mich ja Vati nennen oder Oller oder Flasche oder Greis – meinetwegen auch beim bürgerlichen Vornamen rufen – nein, sie sagen „Biskupek". Haste deinen Computer wieder kaputtgespielt, Biskupek, sagen sie. Was für eine Auflage haste denn diesmal bezahlt gekriegt, Biskupek, insistieren sie. Habe ich mal ein halbes kaltes Bier über den Durst getrunken und schwer an meinem Kopf zu tragen, sagen sie hämisch: Biskuppkopp! Selbst ihre Mutter sagt gelegentlich Biskupek zu mir. Dann, wenn ich vergessen habe, die Wäsche abzunehmen. Meist allerdings nennt sie mich Hase, Miez oder Brummbär. Das Schöne an solchen Namen ist das Geschlechtsunspezifische. So gebe ich all solch Kosemuschebubu unverändert an meine Freundin weiter. Die mich für meinen Einfallsreichtum bewundert und mir mit ihrem ganzen runden Gewicht an den Lippen hängt. Manchmal ist meine Freundin fast wie eine Geliebte zu mir. Das Pikante an meinem Pseudonym ist ja vor allem, daß ich solche Wahrheiten in meinen Texten schamlos ausbreiten kann. Jeder schreibt sie „Biskupek“, diesem Wüstling, zu, nicht aber mir. Ich schreibe mir nichts zu, ich schreibe nur mein Leben ab. Das fällt mir zu. Anderes fällt mir nicht ein.

War das nun gut? Oder so schlicht, wie die meisten meiner Einfälte? (Ich bin überzeugt, wenn ein Lektor das je läse, würde er die Einfälte zu Einfällen korrigieren und ich hätte einen kongenialen solchen weniger.)

Nun aber sitzt mein Wellensittich unweit von mir. Er sagt jetzt zum Beispiel „Quiste quüde, quas?“ Ich übersetze es mir mit der Nachfrage nach meiner Munterkeit. Sonst will das niemand wissen. Die Kinder nehmen Anlauf auf gewinnbringende Tätigkeiten im Management und stählen ihre Körper.

Ihre Mutter schmettert derweil Anträge auf Zuwendungen ab – sie ist in der Stadtverwaltung für Sport, Schulen und Kultur zuständig. Deshalb würde ich nie in den Genuß einer Zuwendung meiner Heimatgemeinde kommen. Nie wird ein Stipendium für Produzenten kleinteiliger Texte abfallen. Die wachsame Presse, zur Zeit damit beschäftigt, jeden Funken Ausländerfeindlichkeit und Kinderschänderei zum Lodern zu bringen, würde sich mit Horrido und Weidmanns Heil! auf einen solchen Fall von Vetternwirtschaft stürzen.

Das ist der Fluch der familienfeindlichen weiblichen Berufstätigkeit. Ich darf von der Mutter meiner Kinder keine Zuwendung annehmen. Haben die jungen, straff-strammen Menschen nicht Recht, die funkelnde Schlipsnadeln öffentlich überm Herzen tragen und uns der Zerstörung aller Werte anklagen? Treten wir Schlabberhemdenträger nicht jene Fundamente in Grund und Boden, die unverzichtbar sind? Wird aus der moralischen Steppe, die wir den Kindern hinterlassen, nicht bald eine reale solche? Lebensraum für mongolische Reiterhorden, in ihrem Sturmlauf nurmehr chinesische McDönerbuden hinterlassend ...

Moment, Biskupek, sage ich nachdrücklich zu meinem Pseudonym. Was war das eben? Fundamente in Grund und Boden? Meldet sich da nicht dein Sprach-Gewissen?

„Quisling!“ sagt mein Wellensittich zu mir. Offensichtlich meint er meinen Verrat am Kanon, mein Zweifeln an den Fundamenten. Oder meint er mein Abschwören am Fuck for Peace, an der einst gelobten Unanständigkeit, mein Leugnen des Strandes unter den Pflastersteinen? Im Buch „Der Wellensittich in Käfig und Freiflug“ finde ich kein Stichwort „Quisling“, aber im Lexikon (Band 8, Verlagsgruppe Bertelsmann, Gesamtherstellung Graphischer Großbetrieb Pößneck, 1995) ist meine Vermutung bestätigt: „Quisling, Vidkun, Generalstabsoffizier, wegen seiner Zusammenarbeit mit den Deutschen zum Tode verurteilt.“

Wird man jetzt schon, nur weil man mit sich zusammenarbeitet – ich bin ein Deutscher, da hilft mir kein slawenfreundliches Pseudonym – wird man jetzt schon wegen Zusammenarbeit zum Tode verurteilt? War ich nicht mein ganzes Leben zu Freundschaft und Zusammenarbeit gehalten? Obwohl ich nie Zuwendungen bekommen habe?

„Quisling, Quisling, Quisling“, bemerkt mein Wellensittich mit einer gewissen Aufgeregtheit. Er plustert sich auf. Dolly Pluster, sage ich zu ihm. Einerseits beginne ich ihn immer besser zu verstehen – was die Information seiner abgehackten Bemerkungen betrifft. Andererseits verstehe ich ihn ebensowenig wie meine geliebten Kinder, die geliebte Mutter meiner Kinder, meine mich liebende Freundin und meine durchaus geschätzten Lektoren. Es ist kein informelles, es ist ein emotionales Problem. Wir müßten uns unsere Geschichten erzählen. Am Stück natürlich, wie man heute formuliert, und spannend! Ob mein Vogel ein überzeugter Tierrechtler ist? Ob er auch die Pflanzenrechte schützt? Gesteht er Körnern ein Recht auf Leben zu? Hat er wenigstens ein schlechtes Gewissen, wenn er sich mit dem Wunder der Schöpfung mästet? Hört er das Getreidegeschrei, wenn er Pflanzenleiber im Schnabel zermalmt? Ich weiß sowenig von meinem Wellensittich. Was hat er bei den Vorbesitzern durchgemacht? Ich muß zum Vogelhändler meines Vertrauens.

3. DEUTSCHER KRÄUTERTEE

Warum die Vorbesitzer den Wellensittich bei mir in Kommission gegeben haben, sagte ich ja schon, meint mein Vogelhändler und sucht im Zubehörlager. Ich bin nur zu ihm gegangen, um neues „Trill eiweißreich mit Vitamin C“ zu kaufen und als Leckerli einen Hirsekolben. Vielleicht noch ein Tragbehältnis, praktisch.

Natürlich wüßte ich gern, wie mein Kina zu seinem Namen gekommen ist. Und warum jenes Ehepaar ihn aus dem Haus haben wollte. Und was das für ein Ehepaar ist, das jetzt vogelfrei lebt.

Hier habe ich ein sehr schönes Buch für Sie. Antiquarisch. So was kriegen Sie heute überhaupt nicht mehr! – Mein Vogelhändler packt mir einen abgegriffenen rotgrünen Band hin: „Der Wellensittich – Heimtier und Patient“. Der Wellensittich auf dem Einband schaut mich genauso skeptisch an, wie Kina. Ich blättere. „4. überarbeitete Auflage. VEB Gustav Fischer Verlag Jena“. Aha. Aus dunklen Zeiten. Finstre Zeiten, da nicht Menschen, sondern Bücher überarbeitet waren. „Begreifend schaun die Arbeiter auf.“ So ähnlich heißt es bei den Dichtern vergangener Jahrhunderte, bei den Sängern sozialer Erhebungen, Bert Brecht, Johannes R. Becher, Thomas de Quincey und Raymond Queneau. Der Umschlagwellensittich schaut unterdrückt, erkenne ich jetzt.

Alles zusammen zwanzig neunzig, sagt mein Vogelhändler. Während ich das Geld berappe, schiebt er mir verschwörerisch einen Zettel zu. Von mir ist der nicht, raunt er. Auf dem Zettel steht „Quintenschlaeger, Oberst-Drausnick-Str. 2, Gartenhaus“.

Der Datenschutz ist ein hohes Gut. Ich schaue nur ganz vorsichtig auf den Zettel, als ich in die Oberst-Drausnick-Straße einbiege. Wer war Oberst Drausnick? Warum beginnt seine Straße mit den hohen Nummern? Ist der Begriff „Gartenhaus“ eine freundliche Verhüllung für Hinterhaus? Es sieht so aus.

Es rappelt hinter der Klingel. Ich guck schon, Muttl, knarrt eine Stimme. Herr Quintenschlaeger, ich vermute, daß es sich um ihn handelt, füllt den Türrahmen beeindruckend aus. Ja? sagt er, schaut auf den Beutel „Trill eiweißreich mit Vitamin C“ in meiner Hand und verkündet: Wir kaufen nichts. Schon gar kein unrein vermischtes Vogelfutter aus einem orientalischen Basar.

Darum geht es. Ein bißchen, sage ich, und stelle mich mit meinem bürgerlichen Namen vor. – Ich bin nämlich der Nachbesitzer ihres Wellensittichs Kina. So wurde mir gesagt.

Kina, soso. Sie haben den jetzt? Die Ehre des Gebrauchtvogelhandels gilt offensichtlich auch nichts mehr. Das Sortiment wird aufgeweicht. Verkauft auch dieser Handelsmann jetzt preisgünstig Staubsauger? Schenkt Kaffee aus, was?

Ja, versuche ich das Gespräch zu verfreundlichen: Bei einem guten Vogelkauf gibt es Kaffee. Entgeltfrei. Und Staubsauger müssen ja mit einem Vogelflusensieb versehen sein, wenn man einen solchen gefiederten Gesellen ... ich zitiere aus „Der Wellensittich in Käfig und Freiflug“. Der Ausdruck „verfreundlichen“ ist blöd, schwirrt es quitschernd durch meinen Kopf. Habe ich Kina virtuell bei mir?

Dann unterhalten Sie sich mal mit meiner Frau. Das Wesen Kina fügte sich bei uns leider schlecht in die Gemeinschaft ein. Bitte.

Frau Quintenschlaeger ist weniger raumfüllend, als ihr Mann. Der schreitet nach hinten und ruft „Achtung, Kameraden!“ Hinter der kleinen Diele scheint es einen großen Raum zu geben. Aus dem rappelt und klappert und brüllt es „Achtung!“.

Frau Quintenschlaeger bietet mir Deutschen Kräutertee an. Er schmeckt nach langer Lagerhaft. Sie will es genau wissen: Wieviel haben Sie denn bezahlt? Kina ist nämlich von uns in Kommission gegeben worden? – Ich antworte und frage nach der Namensherkunft. – Ach, am Anfang hat er immer nur Kina, Kina gezwitschert, da haben wir ihn so genannt. Die Eingeborenen und Neger haben doch auch ihre Namen zuerst genannt. Hat der Neger vom Robinson nicht „Freitag, Freitag“ gerufen? Erst später ist uns aufgegangen, daß er wahrscheinlich „Quina, Quina“ gesagt hat. Das bedeutet „Der heimlich von hinter den Bergen kommt“. In einem mongolischen Dialekt. Hat mein Mann gesagt. Der weiß so etwas ...

Ich bekomme nicht all diese Informationen in meinem Kopf zusammen, aber Frau Quintenschlaeger bietet fleißig weiter Tee an und verschwatzt sich nun: So ehrlich ist ja nicht jeder und gibt zu, daß er heimlich kommt. Aus dem Ausland. Daß er sich, wie sagt mein Mann immer, in ein intaktes Gemeinwesen einschleicht. Aber Kina war nicht bereit, sich an feste Essenszeiten zu gewöhnen. Beim Kochen hat er mir schlechte Ratschläge gegeben. Auf den Fernseh' hat er sich oben drauf gesetzt. Oben drauf. Und von dort ins Bild runtergeguckt. Und noch richtig reingehackt. So eine Ungezogenheit aber auch. Vor allem, wenn interessante Sendungen zu den Vertreibungen der Soldaten im Osten kamen. Aber mein Mann ist ein herzensguter Mensch. Bloß daß Kina immer diesen norwegischen Volksführer verhöhnt hat, dem man so übel mitgespielt hat, das war dann auch meinem Mann zu viel.

Quisling?, frage ich, Vidkun Quisling?

Ja, den. Das kann mein Mann sich nicht leisten. Solche, wie heißen sie? – Blassfehmjen. Er muß ja auch Vorbild sein. Bei den jungen Menschen, die zu ihm aufschauen. Und dann so ein Vogel. Der auf allem herumhackt, auf Herrn Quisling und allem.

Deshalb haben Sie ihn weggegeben?

Auch. Mein Mann führt Tagebuch, wissen Sie. Und da

hat er ihm dann immer rote und grüne Punkte gegeben. Ein roter Punkt war schlimm, war ein Verstoß. Und ein grüner Punkt war sehr schlimm. Das war eine Unbotmäßigkeit. Und irgendwann hatte mein Mann ihn dann einen Unsittich genannt. Du Unsittich! hat er gesagt. Da war das Maß voll. Nur Verstöße und Unbotmäßigkeiten. Wir wollten einfach nicht mehr mit ihm leben.

Mir fällt im Augenblick keine Reaktion ein. Soll ich „Querele“ also Klage, Streit sagen? Oder vielleicht besser „Quargel“, welches österreichischer Weißkäse ist?

Frau Quintenschlaeger fährt fort: Es gibt für Vögel noch keine Besserungslager. Wir haben es mit Sandentzug versucht und mit halber Ration. Den täglichen Freiflug haben wir konsequent auf zehn Minuten beschränkt. Es hat nichts genutzt. Er hat schließlich nicht mehr halbe Sätze, sondern ganze Parolen gesprochen. Ach was, gekrächzt, geflucht, herumgepastert hat er! Ich glaube – hier beugt sich Frau Quintenschlaeger leicht vor – der Vogel ist einfach antireligiös. Er hat von Tierrechten gefaselt. Mein Mann wollte ihn dann aus den Augen haben. Deshalb. Aber daß der Wellensittichhändler nun auch Staubsauger verkauft. Nein! Das ist doch wirklich eine Wirtschaft wie auf dem Basar. Wozu muß man dann noch unterscheiden zwischen Vogelhändler und Staubsaugervertreter? Das kann doch alles kein gutes Ende nehmen. Wir merken doch, wo das hinführert. Wie benimmt er sich denn bei Ihnen?

Ich habe über das immer schlechter werdende gute Ende nachgedacht und ob Frau Quintenschlaeger wirklich „hinführert“ gesagt hat. Ich bin voreingenommen. Also hat sie es bestimmt nicht gesagt. Also bin ich ein wenig verwirrt. Wie sich der Sittich benimmt? Keine Klagen. Obwohl er schon manchmal so Dinge wie Quotenquatsch und Quisling sagt. Aber ich habe ihn ja eigentlich wegen der Kinder gekauft. Die aber meinen, ein virtueller Vogel wäre pflegeleichter. Den kann man immer mal wieder anders färben, man könnte ihn downloaden, ins Attachment stecken, mit dem Acrobat Reader trainieren und in gleich mehreren Ordnern ablegen. Dann könnte man ihn noch in den Chat-Room mitnehmen. Dort wäre er mucksmäuschenstill.

So spreche ich und denke über die Mucksmaus im Vogel nach, die nun wie ein Gewölle in ihm hin und her röllt ... komme aber nicht weiter. Frau Quintenschlaeger will nämlich neuen Deutschen Kräutertee aufbrühen. Und das will ich nicht und so frage ich, ob sie Kina mal besuchen wollten. Man könne auch ein regelmäßiges Umgangsrecht einräumen. Wenn die Herkunft per Analyse geklärt sei. Frau Quintenschlaeger will darüber erst mit ihrem Mann sprechen. So sehr wie sie von Kina enttäuscht worden seien. Da müsse erst noch Gras drüber wachsen.

Als ich wieder zu Hause angekommen bin und Kina „Quieder zu spätt! Quödeldödeltrödel!“ ruft, fällt mir auf, daß ich das überarbeitete Buch „Der Wellensittich – Heimtier und Patient“ bei Familie Quintenschlaeger liegen gelassen habe. Bin ich überarbeitet?

Dann fällt mir auf, daß der Vogel mit dem Satzbeginn noch immer seine Schwierigkeiten hat. Da mischt er völlig irrational Qu-Laute in klare deutsche Worte. Vielleicht liegt es am Quraftfutter?

4. DAS NICHTANDERSDENKEN

Der Verband für kleinteilige Textproduzenten hat geschrieben. Ich bin dort Mitglied, weil ich dadurch verbilligt Druckpapier, Versandbriefumschläge und Au-pair-Stellen für meine Kinder bekomme – halt, das mit den Au-pair-Stellen stimmt nicht. Zumal mir meine Kinder womöglich zackige Runen in des Computers Außenhaut (schlagfest & materialzäh) ritzen würden, wenn sie sich mit anderen Verbandskindern auf fernen Au-pair-Stellen gemein machen müßten.

Der Kleinproduzentenverband hat also geschrieben: Es geht eine gespenstische Gefahr um im Lande. Der intolerante Totalitarismus. Begegnen wir ihm gemeinsam! Schickt Eure diesbezüglichen Kleinteiltexte an unsere E-Mail-Adresse. Wir formatieren für Euch. Mit Verbandsgruß!

Also, die wollen – natürlich umsonst – was Kurzes, Kurzweiliges, Flammendes. Wichtig muß es auch sein. Dummerweise überlege ich, ob es toleranten Totalitarismus oder intoleranten Liberalismus geben könnte. Das alte Leiden! Ich denke zuviel über Wörter und Bedeutungen nach.

Zudem liegt noch ein Auftrag von dem Grafiker Hannsfrieder Rehlein, der in Wahrheit natürlich ein ganz anderes Pseudonym nutzt, auf meinen Tisch. Der feinsinnige Freund und Kupferstecher Rehlein fertigt gertenschlanke Zeitbilder, denen ich zum Aufrütteln Verse beifügen soll. Das Ganze ist für die Sahelzonenhilfe gedacht. Rehleins Blätter sollen versteigert werden. Der Erlös wird in Aktienfonds angelegt. Die sollen dann Gewinn abwerfen. Alles aber soll umweltfreundlich sein und die Not in der Dritten Welt lindern.

Damit die Nöte gelindert werden, die Umwelten sich anfreunden und die Aktien Gewinn abwerfen können, muß ich zunächst aufrüttelnde Verse, natürlich solidarisch, also entgeltfrei, liefern. Die Verse werden zur materiellen Gewalt, wenn sie den Geldmarkt ergreifen. Verstehst Du, Kina?, sage ich.

Qualitätsgerecht, quell?, quinkeliert Kina. Er versteht mich und hat offensichtlich auch Heine gelesen, den eifrigen Nutzer des Quinkelierens, des leisen Trällerns und Winkelzüge machen. Oder sind es Quinkelzüge?

Qualvoll, qualvoll, meinte mein braver Sittich und wiegt seinen Kopf. Die Halsfläumchen federn das Vogelkopfschütteln ab. Er sitzt auf meinen Dampfcomputer und schaut von oben herab auf die Zeilen, die ich gerade eintippe. Schreibe ich zum Beispiel Quatember, quietscht er begeistert auf. Dabei erinnert mich der Quatember, der erste Tag eines Quartals an die fällige Umsatzsteuerabgabe. Ich bin also gar nicht begeistert und halte ein. Ein schöner Ausdruck: Ich halte ein. Klingt märchenhaft. Kina zieht sofort eine Quintessenz und meint, ob diese beiden lächerlichen Dinge schon alles seien? Ein flammender Text. Und Verse für den Aktienfond.

Das seien nur zwei Aufgaben. In Märchen seien immer drei zu lösen.

Quatschen können wir schon ganz gut miteinander. Also verrate ich, daß ich außerdem noch die monatliche Kolumne „Der Kritikaster" redigieren muß. Für die hauptstädtische „Streitschrift". Ich muß sie nicht schreiben, weißt du, sage ich zu Kina, ich muß sie redigieren. Das ist schwieriger, als die Quipu, die Knotenschrift der Inkas, zu verstehen. Ich habe einen Vertrag. Die Zuschriften für die Kolumne „Der Kritikaster" strömen auf mich ein, bilden Strudel, schäumen und brechen, also kotzen ab, wenn du verstehst, was ich meine. Und ich muß daraus einen ruhigen Meinungsstrom machen. Redigieren, heißet man solches. Eine Meinung requirieren, also einfordern, ist viel einfacher. Aber sie zum Mainstream zu machen ...? Samuel Clemens, lang verstorben, erzählte, wie er einst eine Landwirtschaftszeitung redigierte. Als er mit dem Satzanfang „Nun, da das warme Wetter im Anzug ist und die Gänseriche zu laichen beginnen", einen Mann zu Schlägerei und Brandstiftung gebracht hatte, meinte er stolz, seine Arbeit getan zu haben, drehte sich aus dem Chefsessel heraus und schritt von dannen. Doch bis man dahin gelangt.

Top, sagt mein Sittich, ich helfe dir auch dabei. Und ich fordere nicht mal einen Quindar dafür, jene kleine albanische Münzeinheit – aber du mußt mir auch einen Wunsch erfüllen. Quick, die Wette gilt. Den Wunsch sage ich dir, wenn es soweit ist, quelle?

Wenn ich es recht überlege, sage ich, müßte ich auch noch ein, zwei Liedtexte für meinen Freund Wachenschwanz schreiben.

Der Wellensittich ist elektrisiert und wippt: Wie heißt der?

Das ist natürlich ein Pseudonym. Clemens-Peter Wachenschwanz. Kein Mensch würde so heißen. Vielleicht ein Franke aus Gleichamberg. Aber als Pseudonym für sein Programm klingt Wachenschwanz großartig. Gefiederte Lieder mit Wachenschwanz. Oder: Intime Lieder mit einem wachen Schwanze. Oder ...

Mein Wellensittich wippt.

Ich verkneife mir einen Programmtitel, in dem Vögel und deren Tätigkeitswörter vorkommen. Doch Kina will es ohnehin bei der Abmachung belassen: Drei Aufgaben sind zu lösen. Nicht mehr, nicht weniger. Egal, welch Schwanz ich noch erwähne.

Ein bißchen ärgere ich mich. Hätte ich doch bloß gesagt, ich müsse den Text für die Nationalhymne schreiben. Und den Werbespot für Mercedes. Und das Lösungswort für das Millionenspiel. Na, soll er seine Aufgabe lösen. Die erste.

Ich mache mich an das Wichtige für den Kleinteilverband. Aufrüttelnd muß es sein. Quatsch. Das Aufrüttelnde war für die gertenschlanken Zeichnungen Rehleins gedacht. Hier sollte es kurzweilig und flammend sein. Ich greife also seufzend zum Füllfederhalter. In den Dampfcomputer kann ich

nichts Flammendes eingeben. Es käme nicht wirklich – not realy – von Herzen.

Kina weiß, was er zu tun hat. Er flattert herum und setzt sich auf den Füller, mit dem ich gerade meiner Empörung über das Gespenst der Intoleranz Ausdruck geben will. Kina gibt meiner Schrift Nachdruck, Tiefe. Schwer gräbt sich die Füllfeder in die scheinweiße Welt des Papiers. Das Tier entwickelt ein inzestuöses Verhältnis zum Federschreiben.

Wenn ich abrutsche flattert der Vogel auf, quitschert etwas von Quasselstrippe und Quotenquatsch und ist empört.

Irrtum, Kina, sage ich. Ich – ich muß empört sein. Ich finde es empörend, muß ich schreiben, wie unser Land zum Sammelbecken für Gewalt und Nichtandersdenken wird.

Das versteht doch keiner, quurrt der Wellensittich.

Doch, sage ich, wir müssen die Freiheit der Andersdenkenden garantieren, also dürfen wir ein Nichtandersdenken nicht zulassen.

Mein Vogel ist ob meiner Argumentation so erregt, daß er wieder mit Qu-Lauten quitschert: Queißest quu Quarl Qualenquin?

Ich übersetze es mir mit: Heißest du Karl Valentin?

Der Vogel schüttelt das Gefieder: Du machst zu lange Sätze. Also schreib:

Es ist empörend. Wer hat denn hier? Und darum entflammet. Das Recht in seiner Größe. Nicht um mich geht es. Ums Ganze ringet. Was ist denn wichtig? Genau! Und genau aus diesem Grunde. Lasset Euch nicht. Heißet es etwa Vorsicht? Jawohl. Drum verweigert Euch. Nicht.

Soll ich wirklich „entflammet“ und „ringet“ und so schreiben, oder wenigstens die „e“s streichen?

Flammet, ringet, lasset, heißet, quatastert erregt der Vogel.

Und muß ich jetzt noch „Mit verbandlichem Gruß“ drunterschreiben? Außerdem ... das Ganze klingt doch etwas allgemein. Und die Aussage, also die Satzaussage, die fehlt doch, oder?

Eben nicht, weist mich mein Wellensittich zurecht. Jeder muß es für sich ergänzen. Du hast doch keine Klippschüler als Leser. Außerdem – hier verdreht Kina den Kopf nach hinten und holt ihn wieder zurück – außerdem weiß man nie, wie es morgen andersrum geht. Willst du den Zeitgeist bedienen, oder soll dein Werk auch für den nächsten Aufruf des Kleinteilverbandes gelten?

Wenn du das so siehst?

Nicht ich sehe das so, hackt mein Vogel auf meinem Kopf herum, sondern die Geschichte. Geschichte Queschichte Quequichte Quequique.

Ich verstehe Dich manchmal nicht.

Quilte quarrare, quod erat quuestantum.

Wenn du meinst. Aber nun kann ich das Ganze doch gar nicht e-mailen? Die wollen das doch hingedingst haben. Die vom Kleinteilverband?

Soll ich vielleicht eine Brieftaube mimen? Kina ist ob des Ansinnens, artfremd zu sein, empört: Es gibt noch die gute alte Post. Du wirst deinen flammenden Text in einen feuerfesten Umschlag stecken und in einen blechernen Briefkasten der Post einwerfen. Da machst du einen Spaziergang quer über den Markt und ich komme auch mal an die frische Luft. Presto questo quello.

5. MIKROFONGALGEN

Die Fachliteratur spricht: „Über den Erwerb und Tausch der Zuchtvögel hinaus herrscht ein reger Tierverkehr.“ Dem Tierverkehr kann ich entsprechen. Ich besitze ein Transportbehältnis, stabil, mehr flach als hoch, gut zugänglich und an einer Seite abgeschrägt. Exakt so, wie in „Der Wellensittich in Käfig und Freiflug“ gefordert.

Mit Kina im Behältnis gehe ich auf die Straße. Damit man mich nicht falsch versteht: Ich bin gegen die Macht auf der Straße. Ich gehe höchst ungern auf die Straße. Unser Leben gebietet eine solche Lösung ja auch nicht. Aber fürbaß schreiten, ganz für sich, muß ich gelegentlich. Wenn ich, wie jetzt, zum Briefkasten eile. Dazu muß ich den Marktplatz queren.

Queren! Ja queren! – Kina spürt, daß irgend etwas in der Luft liegt. Er pfeift Quinten. Das hört sich an, wie der Beginn der Marseillaise. Mit dem pfeifenden Kina bzw. dessen Behältnis in der einen und dem Brief in der anderen Hand trabe ich über den heftig belebten Marktplatz. Der sah schon manch Auflauf. Nur als der Fürst 1918 öffentlich abdankte, war alles leer. Später demonstrierten die Novemberverbrecher. Oder waren es Nationalbolschewisten? Auch das erregte Volk zeigte hier in vielen legendären Frühjahren und Kartoffelferien seine Erregung.

Quislinge, flötet Kina in Quinte, Quarte und Terz. Ein sich allem Volke verständlich machender Vogel ist in der Öffentlichkeit peinlich. Aber zu spät. Ausgerechnet heute stellt sich vor dem Rathaus eine machtvolle Menge auf. Das Katasteramt. Der städtische Rechnungshof. Die Landesstelle für den Bürgerbeauftragten. Das Fraktionsgeschäftsbüro gegen überhöhte Kommunalausgaben. Die Meldestelle für Bedenken. Und natürlich auch die Verwaltung für Sport, Schulen und Kultur Schrägstrich Amt für Zuwendungen. Meine Frau hat sich also ebenfalls mitten in die Menge hinein gestellt.

Zum Glück bin ich als Pseudonym unterwegs. Als „Biskupek“ Es wird mich also kaum jemand erkennen. In der städtischen Bibliothek hatte ich letztes Jahr ganze Einskommazwei LeserInnen. Die Nullkommazwei war ein vergeßlicher Mensch, der das einzige von mir in der Bibliothek eingestellte Buch mit dem Titel „Kleinteiliges, größtenteils gekürzt“ auf dem Büchertresen vergessen hatte. So galt es nur zu zwanzig Prozent als entliehen.

Meine Freundin arbeitet bei der Meldestelle für Bedenken. Sie winkt mir schelmisch zu, aber ich kann nicht mal verstohlen zurückwinken, weil ich das Transportbehältnis mit Kina und den Verbandsbrief fest an mich presse. Was soll zudem meine Frau vom Fremdwinken halten. Natürlich kennt meine Freundin meine Frau und natürlich kennt meine Frau meine Freundin nicht. Die eine liebt mein Pseudonym, die andere sagt, daß sie mich früher sehr gemocht hat. Aber Anträge auf Zuwendung kann ich bei keiner stellen. Die Presse würde es als Skandal aufdecken.

Unsere Stadt und das ganze Land ist in die Schlagzeilen gekommen. Man sei nicht freundlich, man sei sogar feindlich gesonnen: Minderheiten, Fremdstämmen, Gastgewerblern, Schwulen, Ordnungshütern, Indianern, Bayern und Berbern gegenüber. Indianer würde man sogar Indianer nennen, statt native americans. Man würde Neger sagen und Sachsen, statt Farbige und Mitmenschen. Es würde geschlagen, getreten, mißhandelt, gefoltert; es würden Losungen geschmiert.

Gegen die Schmierung von Losungen tragen die Mitarbeiter von Katasteramt, Meldestelle und Schrägstrich Zuwendungen weiße Spruchbänder mit Aussagesätzen. Auch haben sie Aufstandstücher der Anständigen solidarisch um den Hals geschlungen. Quarafat-Tücher, quietscht Kina aus seinem Transportbehältnis hervor. Ich belehre ihn, daß die Intifada der Palästinenser unter ihrem verblichenen Staatspräsidenten Arafat andere Ziele verfolgte. Jetzt sei Al Quaida am Drücker. Kina merkt auf, aber ein jungenhafter, blankgeputzter Mensch mit überaus schmissigem Gesicht quatscht mich von der Seite an, wieso ich ihn von der Seite anquatsche. Der jungenhafte Mensch schaut sich, wie ich, die ganze Sache aus sicherer Entfernung an. Ich gehe zu ihm auf Distanz und bitte Kina, weder zu quarren, noch zu quorren. Auch Quinkelieren helfe jetzt nichts.

Der stellvertretende Ortsteilbürgermeister, er hat mich auf der Straße mal angesprochen, ob ich der bin, von dem er in der Zeitung eine Kurzgeschichte gesehen hat, dieser Mann geht zu einem in Windeseile errichteten Mikrofongalgen.

Wir hängen die ganze Sache noch höher, ruft er, wenn die Verantwortlichen nicht Taten sehen lassen. Es geht um unseren guten Ruf wie Donnerhall. Macht nicht kaputt, was Euch nicht kaputt macht. Sind es nicht unsere Kinder, auch wenn sie niemals von uns zum richtigen Zeitpunkt was hinter die Löffel bekommen haben? Aber man kann alles nachholen. Nur die Arbeitslosigkeit muß unnachsichtig bekämpft werden. Und die Ausgrenzung. Und die Kraftlosigkeit. In absehbarer Zeit. Mahlzeit.

Die Leute freuen sich und klatschen. Sie straffen die weißen Spruchbänder und der jungenhafte, blankgeputzt Schmissige in meiner Nähe tippt etwas in sein Handy ein. Inzwischen stehen den Demonstranten vor dem Rathaus etwa genauso viele Zuschauer gegenüber.

Mein Vogel im Transportbehältnis stimmt die Marseillaise an. Der blankgeputzte Knabe schnarrt mich von der Seite an: Können Sie nicht deutsches Liedgut singen?!

Ich rücke noch weiter ab. Jetzt bin ich schon fast auf Höhe der Demonstranten.

Eine Frau, die aussieht wie eine kirchliche Sozialarbeiterin, geht zum Mikrofongalgen und reckt den Hals: Ich bin kirchliche Sozialarbeiterin, und ich denke, wir müssen was finden,

RATHAUS
MAHLZEIT!
POST

um die Verführten, jene, die sich aus Verzweiflung abgewendet haben, die Hilflosen und die Beladenen, für uns zu gewinnen. Wir müssen sie zur Umkehr bewegen. Wir müssen sie dort abholen, wo sie sind. Gebt dem Bösen eine Chance.

Von irgendwoher ruft es: Herein in die Strukturen! Natürlich kommt es nicht irgendwoher, denn es klingt wie: Querein in die Struquturen. Solche Feinheiten aber höre nur ich aus meinem Transportbehältnis heraus, die anderen greifen den Ruf auf: Herein in die Strukturen! Meine Freundin ruft es besonders laut und meine Frau bewegt zumindest, die Lippen.

Herein in die Strukturen!

Die kirchliche Sozialarbeiterin ist begeistert. Jawohl, beschwört sie den Mikrofongalgen, wir begeben uns zu ihnen hin. Und wenn die Welt voll Teufel wär, wir verlassen sie nit freiwillig. Wir diskutieren mit ihnen. Das Böse nimmer allein lassen. Gehen wir auf die Fremdenhasser ohne Haß zu. Zeigen wir denen, die von unwertem Leben sprechen, daß sie etwas wert sind. Lassen wir die Alleinvertreter nicht allein.

Es rathausgongt. (Der Lektor runzelt die Stirn.) Das Katasteramt hat jetzt Mittagspause und rückt ab in die „Alte Garküche". Dort gibt es Abo-Essen. Der städtische Rechnungshof hat eine Tiefenprüfung vor und schwingt sich hinter die Computer. Die Landesstelle für den Bürgerbeauftragten nimmt ebenfalls das Abo-Essen zu sich. Allerdings im „Neuen Krug". Das Fraktionsgeschäftsbüro gegen überhöhte

Kommunalausgaben formiert sich zu einer Resolution gegen überhöhte Kommunalausgaben. Die Meldestelle für Bedenken macht einfach Pause. Meine Freundin geht daran, die Pause mit einem Kollegen zu absolvieren. Kollege! Das sagen alle! Und natürlich pausiert auch die Verwaltung für Sport, Schulen und Kultur Schrägstrich Amt für Zuwendungen und kommt in Gestalt meiner Frau auf mich zu: Schön, daß du dich auch mal engagierst, sagt sie. Dagegen muß man wirklich was tun, fügt sie an, läßt dabei ihren mütterlichen Blick sanft auf mir ruhen und nimmt mir den Brief aus der Hand: Das besorge ich für dich, Häschen.

Nun wird der Kleinteiltextverband meine flammende Empörung erst nach Einsendeschluß erhalten, denn meine Frau gibt den Brief gewiß in die Amtspost. Dort wird der städtische Rechnungshof herausfinden, daß er privat ist und das Fraktionsgeschäftsbüro gegen überhöhte Kommunalausgaben wird die Verschleuderung von Portogeldern anprangern.

Doch ich kann meiner Frau so schlecht widersprechen. Ich lasse sie immer gewähren. Sie ist die Person, die Zuwendungen verantwortet, und sie ist Mutter meiner Kinder, welche mich um viele Haaresbreiten überragen und zu einem Teil weiblich sind.

Ich trolle mich. Kina ist sauer, daß keine wirkliche Revolution ausgebrochen ist und ruft: Alles heraus zum ersten Mal! Kampf dem Panzerkreuzer A! Unter den Talaren, der Blues aus unsern Jahren! Bauernland in Junkiehand!

Schlagt die Faschisten, wo immer ihr kifft! Das Volk in Quarantäne!

Morgen wird wohl in der Zeitung stehen, daß eine kleine Gruppe von Unverbesserlichen das harmonische Gesamtbild störte. Ich habe Kina in Verdacht, daß er die Quarantäne-Losung bloß wegen sprachlicher Querelen ruft. Er würde sofort aus sprachlichen Gründen bei Al Quaida mitmischen. Doch ich will ihn nicht verärgern. Schließlich hat er noch zwei Aufgaben vor sich.

6. AUS DEN FEDERN GESAUGT

Ich bin wieder zu Hause gelandet. Kina soll sich ans Dichten machen. Im Gleichklang, marsch, marsch! Zu den drei gertenschlanken Hannsfrieder-Rehlein-Blättern müssen aufrüttelnde, kritische und geldfondsfähige Verse geschmiedet werden. Ich hefte die drei Blätter des guten alten Freundes und Kupferstechers – er hat mir wurmstichige Fax-Abzüge zukommen lassen – mit guten alten Reißzwecken an die Wand und warte, daß mich die Muse auf meine poetischen Theile küßt. Ich bin ein Auslaufmodell. Reißzwecken. Muse. Theile.

No Muse. Es ist Kina, der mir auf dem Kopf herumtanzt. Er soll ja auch die Arbeit machen. Aber er will mit mir disputieren, hackt schimpfend auf meine ungemachte Frisur ein und stellt eine gemeine Frage: Ist das jetzt ein Quiproquo?

Kein Schwein, geschweige denn ein schweinefressender Mensch kann wissen, was er meint. Andererseits ist die Wellensittichsprache auch nicht sooo schwer. Ich finde im Wörterbuch für deutsche Menschen, 16. überarbeitete Auflage, daß ein Quiproquo eine Personenverwechslung im Lustspiel ist.

Kina, wie kommst du denn darauf?

Ich denk, mein Schwein pfeift!, flötet er: Muß ich nun immer deine Arbeit machen? Ich für dich und du für mich? Ich bin ein Vöglein, das sich seines Lebens freuen will, quitschern, Quörner fressen und gelegentlich quenüßlich quacken will.

Sollst du alles, abgesehen von dem quacken, was leider bedeutet, daß du mich und meine ganze Einrichtung bescheißt. Aber hatten wir nicht ausgemacht, daß du mir drei Aufgaben, ganz wie im Märchen, löst?

Das hatten wir nicht ausgemacht, das hast du einfach so hingeschrieben. Weil dir grad niqus anderes einfiel.

Und wenn dir nix anderes einfällt, machst du aus Nix ein Niqus?

Kina ist beleidigt, wahrscheinlich weil ich ihn und seine billigen Tricks – er nennt sie Triqus – durchschaut habe und tut so, als habe er eine Sinusitis. Dabei kommt diese Krankheit der Nasennebenhöhlen beim Sittich selten vor. Höchstens gibt es mal eine einseitige Entzündung des infraorbitalen Sinus. Ich zeige Kina die entsprechende Stelle in meinem Fachbuch „Der Wellensittich in Käfig und Freiflug". Nun tut er so, als könne er nicht lesen.

Kina, sage ich, du bist wie meine Kinder. Erst rumdiskutieren, und wenn ich Recht habe, sagen, ich sei überhaupt nicht ihre Gewichtsklasse. Dann fangen sie an, abzulenken. Kritisieren, ich sei ein Schlabberhemdenträger, ein Mann mit Führungsschwäche. Ein Pseudonym. Ich könne nicht mal einen Generationenkonflikt austragen. Wenn es um die Wurst ginge, als schweinisches Produkt, stellte ich erst mal einen Antrag zur Geschäftsordnung. Behaupten die Kinder.

Antraqu zur Geschäftsordnung!, pfeift Kina mich zusammen: Cogito, ergo fliege ich. Und wenn mir was eingefallen ist, flöte ich es dir ein.

Nun beginnt er seine Runden. Er fliegt auf die Rehlein-Blätter zu – reißt sich kurz vor dem ersten zusammen, das heißt, er ändert die Richtung und landet auf der Lampe.

Das macht er so drei, vier Mal. Fliegen fliegen bekanntlich auch statt Runden Vielecke. Sie können nur geradeaus und plötzlich abknicken. Tangenten, Hyperbeln oder Parabeln haben Fliegen nicht in ihrem Programm. Solche Beobachtungen machen natürlich nur Menschen und Vögel mit Zeit. Beobachten die Fliege an der Wand und im Freiflug. Kina hat sich sein spezielles Flugprogramm offenbar von den Fliegen abgesehen.

Also, krächzt er schließlich, zum ersten Bild schreibst du:

Im düstern Auge keine Träne,
Wir surfen am Rechner und fletschen die Zähne
Europa, wir surfen ins Abrechnungsbuch
Wir surfen hinein im dreifachen Flug
Wir surfen, wir surfen

Hm, sage ich und tippe das Ganze in meine Dampfmaschine. So richtig überzeugt sehe ich mich nicht. Den dreifachen Flug oder den dreifachen Fluch? Ich meine, der

Fluch reimt, während der Flug nur schlecht ausgesprochen, also ausgesprochen schlecht reimt.

Kina: Quein Quommentar.

Hm, hm, hm, krächze ich vor mich hin: Und das ist aufrüttelnd? Und es ist von dir, also quasi von mir?

Quasi, quetscht Kina mit einem verstohlenen Vogelgrinsen aus dem Schnabel und nimmt seine Flüge wieder auf.

Wahrscheinlich mache ich einen ähnlich flatterhaften Eindruck, wenn ich mir was aus den Federn sauge.

Aus den Fingern!, korrigiert Kina. Du saugst aus den Fingern. Aus den Federn sauge ich. Fürs zweite Bild:

Wir haben wahrlich uns zu hoch verstiegen
Jetzt hängen wir hier wie aus Übermut
Zerpickt von einer gierigen Vögelbrut
Wie Tiermehlpellets, die am Wege liegen

Ich tippe brav den Vierzeiler ein. Ja, das ist aufrüttelnd. Und es ist selbst- also vögelkritisch. Es scheint aus raunender Vergangenheit herüberzukommen. Und mit allen drei Geschlechtswörtern können hier Vögel kritisiert werden: Der Vögel Brut. Die Vögelei. Das Vögeln.

Kina wendet mir voll Verachtung seinen erregt wippenden Schwanz zu. Ich versuche, ihn wieder versöhnlich und arbeitsam zu stimmen und gebe die große ideologische Richtung an: Wir müssen das Ganze im dritten Versbild, wenn wir

den Intentionen von Kupfer- und Menschenfreund Rehlein folgen, wertsteigerungsmäßig, helfend zur Selbsthilfe, sahelzonenfreundlich, geldmarktgerecht – und so – verschärfen.

Kina nimmt seine Runden wieder auf, stürzt sich auf Rehleins dritte gertenschlanke Rüttelgrafik – und bekommt immer wieder die Kurve. Dann flötet er:

Goldnes Mein, ging allein
In den Rentenkorb hinein.
Dis & Kont, steht ihm blond, ist gar wohl im Fond.

Aber Frechdax weinet sehr,
Hat ja nun kein Kaufkraft mehr.
Da besinnt sich Gewinn, kehret heim beyond.

Leider haben weder ich als Mensch noch ich als Pseudonym je Literatur studiert. Ich kann nicht beweisen, wo Kina dieses Aufrüttellied geklaut haben mag. Aber den über drei Verse hinweg verschränkten Reim von „Fond“ auf „beyond“ empfinde ich als handwerklich sauber, sprachlich voll ausgereift, multikulturell und folglich völkerfreundschaftlich.

Na prima, sage ich zu Kina, der Reim sucht heim, die Tat steht parat, es lebe selbst Sachsen, da werden wir unser Produkt mal fix wegfaxen.

Kinas Verachtung zeigt sich schon sehr menschlich in seinem oberen Schnabelbereich. Er scheint denselben zu rümpfen. Zur Belohnung gibt es jetzt eine Extraportion „Trill eiweißreich mit Vitamin C".

Wenn du denkst, das gilt als Belohnung, hast du dich geschnitten, quinkeliert Kina: Drei Aufgaben, das war jetzt die zweite. Die hast du auch noch dreigeteilt, du Ausbeuter. Bei der nächsten muß ich dann wohl dreizehn Einzelaufgaben lösen, was? Aber dann fordere ich meine Belohnung. So ist es ausgemacht. Wenn du dich schon auf Märchen beziehst.

Ein bißchen, Kina, bist du auch wie meine Freundin. Aufrechnend und nachtragend. Sternbild Jungfrau, was? Und dickköpfig wie Steinbock, wie meine Frau. Mir fällt ein, ich muß ja noch die Formalitäten zum Umgangsrecht mit deinen Vorbesitzern klären. Willst du überhaupt mit denen in Verkehr treten?

Kina verleibt sich das „Trill eiweißreich mit Vitamin C" ein. Was er mir erwidert, ist unter dem unsäglichen Geschrei, den herzzerreißenden Klagen, dem unmenschlichen Gebrüll der erbarmungslos zerquetscht werdenden Körner nicht zu hören. Ich wende mich voll Schauder.

7. QUITTENTRANK

Die Heimat hat sich schöngemacht. Kein Grau blitzt ihr im Haar. Meine Heimat ist von deutscher, sanfter Rundlichkeit und beinhaltet Wiesen, Felder und Wälder. Die Bäume stehen relativ kerzengerade, wenn nicht gerade eine Windhose Bruchholz produzierte. Füchse und Hasen respektieren einander und eine einsame Linde teilt fontanegleich der Horizontgerade Schwarz. Viele Wege führen in den Wald hinein. Der beginnt fast vor meiner Haustür. Um in die Oberst-Drausnick-Straße zu gelangen, muß ich einen verwunschenen Waldweg emporklettern und einen mit Baumstammstufen befestigten Steg wieder herabsteigen.

Das ist meine deutsche Waldheimat. Sie reicht inselweis bis mitten in die Stadt und deshalb sorgt sich auch die STABF, die Städtische Arbeitsbeschaffung-Foundation, um die Begehbarkeit der wäldlichen Stege. Meine Heimat ist eine waldreiche Stadt und Deutschland ist ein waldreiches Land. Dreihundert Meter lang führt mich mein Weg an reifendem Brotgetreide vorbei, das vom biologischen Zentrallabor betreut wird. Auf zweihundert Meter Länge reckt sich kühn und beflaggt die stattliche Grenzbefestigung der Kleingartenanlage „Deutsche Einheit“, vormals „Frohe Zukunft“. Dann muß ich noch hundert Meter die „Prinzgemahl-Günther-Straße“ entlanglaufen und bin schon bei Oberst Drausnick.

Kina, den ich im Transportbehältnis, abgeschrägt, mit mir führe, unterhielt sich die ganze Strecke lang mit den gefiederten Sängern in Wald und Brotgetreidefeld. Leider benutzte er einen Geheimcode. Er quarrte und die Freiflieger quorrten und quitscherten.

Bei Quintenschlaegers hängt ein Zettel an der Eingangstür zum Gartenhaus: „Zum Kameradschaftsabend sind Gäste herzlich willkommen. Bitte Schuhe ausziehen!"

Die Tür ist angelehnt und viele schwarze, hohe Stiefel mit weißen Senkeln stehen dahinter in Reih und Glied. Aber ich sehe zudem rote Pantoletten, Cloqus, Sandalen und ausgelatschte Schuhe. Auch ich mache mich auf die Strümpfe und folge einem Pfeil mit Kreuz: Zum Kameradschaftsabend. Gut, daß ich Kina zwecks Klärung des Umgangsrechts mit seinem Vorbesitzer bei mir habe; es ist immer blöd, ganz allein in eine Gesellschaft zu platzen.

Das Gartenhaus hat erstaunliche Dimensionen. Der Raum, in den mich der Pfeil weist, ist von der Größe eines Kneipen-Hinterzimmers. Viele gotische Druckbuchstaben an den Wänden, viele hohe Fenster. Auf vielleicht zwanzig Stühlen sitzen junge Männer mit weißleuchtenden Kahlköpfen. Dahinter dann Bänke mit ein paar jüngeren Frauen; auch auf dem deckenbelegten Boden sitzen einige, vor allem Ältere. Drei, vier Leute lehnen an der Fensterseite. Ich sehe den Ortsteilbürgermeister, jemanden aus dem Liegenschaftsdienst, den ich kennen müßte und die kirchliche

Sozialarbeiterin. Meine Freundin ist auch da. Sie hat sich an einen Kollegen – es muß ja ein Kollege sein! – gelehnt. Ganz hinten fläzt einer mit Rasta-Locken, ein Aufstandstuch der Anständigen um den Hals geschlungen.

Vorn steht Herr Quintenschlaeger. Er hat einen Zeigestock bei sich und hinter sich ein farbiges Schema auf Glanzpapier.

Er schaut mich mißbilligend an und fragt in die Runde: Was benötigen wir wieder? Na – Ordnung, Vertrauen, Klartext, Ungestüm – und?

Ein Glatzkopf meldet sich. Kamerad Czerwinetzky! ruft Quintenschlaeger. Kamerad Czerwinetzky erhebt sich, nimmt die Hände an die Hosennaht: Pünktlichkeit, Kamerad Quintenschlaeger.

Richtig. Wir merken uns „OVKUP". Das ist kein hinterindischer Rechenkasten, sondern Ordnung, Vertrauen, Klartext, Ungestüm und Pünktlichkeit. Dieses Buch zum Beispiel – er hebt die von mir liegengelassene Altlast „Der Wellensittich – Heimtier und Patient" hoch – gilt trotz vierfacher Überarbeitung in diesem Land nichts. Und warum? Weil die Verfasser von Schwarten zu Käfig und Freiflug ihr Monopol sichern wollen. Das raffende Kapital unterjocht alle und alles. Doch fahren wir fort.

Quintenschlaeger wendet sich seinem farbigen Schema zu: Hier haben wir, alles übergreifend, die Heimatidee. Die Idee des Waldes, der Selbstversorgung und des Schutzraumes.

Diese Idee zerfällt in eigene – verweichlicht: authentische – und in fremde – verweichlicht: internationale – Bestandteile. Hieraus erwächst uns wiederum der Stolz, die Gerechtigkeit, die Selbstlosigkeit und der Anstand. Daraus aber sprießen Genuß, Gewinn, Gerede und Gewerkschaft. Alles mag nun seine Berechtigung haben. Der Selbstlose und Gerechte lehnt es ab, Genüßler und Gewerkschaftler zu verteufeln. Er folgt seinem Ziel sieghaft und bis zum Siege zielhaft. Der Stolze und Anständige lehnt Zins und Zinseszins ab, er weiß, daß Heimatboden nicht beleihbar und nicht pfändbar, nicht veräußerbar und nicht vereinnahmbar ist. Das glauben wir nicht; das wissen wir! Für jetzt aber, Kameraden, wollen wir den Lehrteil abschließen. Es haben sich Gäste eingefunden, denen ich danke. Wir wollen mit einem zwanglosen Beisammensein nach Geschäftsordnung fortfahren. Meine Frau hat Schweinefleischbällchen gesotten, einige werden sie als Fleischpflanzerl kennen und die Firma Lohnmost hat uns eine Batterie unvergornen Quittentranks, naturtrüb, gespendet. Alsdann.

Natürlich fing mein Kina im Transportbehältnis beim Stichwort „Quittentrank" an zu spektakeln und warf mir Untätigkeit bei dieser vögelfeindlichen Rede vor. Schließlich hätten auch die Wellensittiche eine Gewerkschaft, sonst könnten sie sich gegen die immer zahlreicher werdenden Gebrauchtvogelhändler nicht durchsetzen. Kina plustert und clustert. Zum Glück haben sich schon fast alle erhoben, schwatzen durcheinander und schieben sich an die Fensterseite, wo ein Berg Hamburger liegt und Flaschen mit Schnappverschlüssen in Reih und Glied stehen.

Die kirchliche Sozialarbeiterin spricht auf Frau Quintenschlaeger ein. Bestimmt will sie das Fleischpflanzerl-Rezept wissen, um Frau Quintenschlaeger dort abzuholen, wo sie kocht. Der Rasta-Locken-Typ geht zum Kamerad Czerwinetzky und sagt: Damit du Klartext hörst – wenn ich dich draußen irgendwo treffe, schlage ich dir die Nase breit. Czerwinetzky, geschult, versetzt ihm sprachlich einen Hieb: Ich schlage den Feind gewaltfrei. Du aber bist nur aggressiv, weil ich einen polnischen Namen trage. Aber auch das polnische Volkstum wird die Zinsknechtschaft brechen.

Mein Pseudonym zuckt auf und ich sage zu Kina, daß man nicht alles so schwarzweiß sehen könne, schließlich habe selbst Quintenschlaeger farbige Schemata. Derweil hat sich meine Freundin an mich herangemacht und fragt, ob ich immer noch einsam sei, weil ich ständig mit mir selber spreche. Sie wisse ja, daß ich ein großer Kleinteiltexter sei, aber hier müsse ich doch nun mal spüren, daß die Welt vielfältig sei, während ich immer schwarzmale. Mit den Glatzen könne man doch reden und der Herr Quintenschlaeger sei ein besserer Sozialarbeiter, als all die von STABF bezahlten Street-Worker. Er hole die Jungs von der Straße und mache ihnen klar, daß Bodenspekulanten in diesem Lande nix zu suchen hätten.

Alles Triqus, alles Triqus, spektakelt Kina und meine Freundin stößt mir den Zeigefinger mitten ins Schlabberhemd: Das sind eben keine Tricks! Du machst welche! Du hältst mich hin! Du schwatzt von Solidarität, aber mit mir bist du nie solidarisch! Kommst du je pünktlich zu einem Treffen? Wann warst du das letzte Mal ungestüm? Du hast kein Vertrauen zu mir. Du redest nie Klartext mit deiner Frau und bringst deine Verhältnisse in Ordnung. Deine Ehe heißt Treue!! Ach, laß mich – und schniefend schmiegt meine Freundin, nein, jene Dame, die behauptet, meine Freundin mal gewesen zu sein, sich an den breiten schafwollenen Brustkasten ihres schweinefleischbällchenbeladenen Kollegen. Der stopft ihr den Mund und das, was mal meine Freundin gewesen sein will, schweigt und schluckt und schluckt und schweigt.

Quislinge, Quislinge, Quislinge, quatastert Kina und Kamerad Czerwinetzky stimmt ihm zu: Jawohl, Vidkun Quisling war ein leider zu Unrecht vergessener großer Mann, zwar nicht aus polnischem, aber aus norwegischem Volkstum.

Der Quittentrank hat einen eigenartigen Nachgeschmack. Vielleicht schwimmen die alkoholhaltigen Quitten-Schwebteile als Halluzinatoren auf dem Boden und sind quasi die Nachhut?

Quasi Nachhut, meckert Kina und will trinken. Ich spritze ihm ein paar Quittentropfen ins Behältnis. Ich weiß noch nicht, wie das geflügelte Tier sich unter Alkoholeinwirkung entwickelt. Hoffentlich quatscht es kein dummes Zeug und quält alle Welt mit dem großen christlichen Qmran-Rollen-Betrug.

Der Ortsteilbürgermeister spricht einen besonders blankgeputzten Jungmenschen schmissigster Sorte an. Es ist der, der auf dem Marktplatz mich von der Seite angequatscht hatte, weil er dachte, daß ich ihn von der Seite angequatscht hätte. Der Ortsteilbürgermeister stellt sich vor und fragt: Sagen Sie, diese Kameradschaftsabende hier besuchen Sie gern?

Klar, sagt der Seitenanquatscher. Wir lassen uns zu nichts zwingen.

Und daß Sie hier so gesittet sitzen und aufstehen beim Antworten, daß stört Sie nicht?

Genau das isses. Wir werden endlich mal auf Unrecht hingewiesen. Uns wird das Reinquatschen verboten. Wir dürfen die Hände an die Hosennaht nehmen, wenn wir antworten. Wir haben im Chor zu singen. Wir können auch Gleichschritt üben und Schönschrift. Wir müssen pünktlich sein, Vertrauen haben und Ordnung pflegen. Lauter Dinge, Kamerad Bürgermeister, die uns jahrelang ausgetrieben wurden. Wir mußten in der Schule im Kreis sitzen und spontan austreten dürfen; wir mußten ungefragt reden und dauernd eine eigene Meinung haben. Wir mußten Schlabberhemden tragen. Ausgelatschte Schuhe! Wir konnten mit schmierigen, versifften Kulis schreiben, auch wenn die Handschrift dadurch verdorben wurde – aber wehe, wir sprachen von kanakischen Kulis. Doch das, Kamerad BM, ist nun vorbei.

Wir gehorchen. Und wir melden Verstöße gegen die Regeln spornstreichs.

Mit diesen Worten dreht sich der Blankgeputzte um, zieht blitzgeschwind sein Handy und tippt etwas ein.

Das zwanglose Beisammensein wogt hin und wogt her und in der Ferne steht der Polizeiposten und braucht nicht einzugreifen, denn Kina ist vom Quittentrank wohl müde geworden und zwitschert kein einziges, aggressives Menschenwort.

8. KANARISCHE ERBANLAGEN

Herr Quintenschlaeger ist von seinen Getreuen umgeben, und ich stelle mich wartend in die zweite Reihe. Vielleicht braucht er mein Buch über Heimtier und Patient nicht mehr zum Anschauungsunterricht. Vielleicht hat er Zeit, über die Regelung des Umgangsrechts von Vorbesitzern mit Haustieren in neuen Herrschaftsverhältnissen zu reden. Ich würde gern zu einer gütlichen Einigung kommen.

Herr Quintenschlaeger bemerkt mich und sagt jovial: Gestatten Sie, daß ich Sie mit Ihrem hierorts wenig bekannten Pseudonym anspreche, Herr „Biskupek". Auch slawische Namen dürfen an unserer Gesellschaft mitbauen, wie Kamerad Czerwinetzky beweist. Denn auch unter Czerwinetzkys und Biskupeks gibt es Pünktliche und Unpünktliche.

Ich verstottere mich ein wenig, doch Kamerad Quintenschlaeger läßt mich nicht lange zappeln:

Ich verfolge durchaus, daß Sie noch gewissen sentimentalen Ideologien anhängen. Ihre kleinteiligen Texte atmen den Geruch von Gewerkschaft und Genuß. Auch gewähren Sie einem Subjekt Asyl, das sich als ein Unsittich erwiesen hat.

Kina beginnt in seinem Behältnis zu spektakeln, aber er ist wohl von den unvergorenen Quitten so heftig benebelt, daß nicht mal ich sein Quirren, Quorren und Quitschern deuten kann.

Ich weiß, sagt Quintenschlaeger, Sie glauben an die Macht der gütlichen Einigung. Sie glauben, das unwerte Leben dieses Unsittichs in die Gesellschaft eingliedern zu können. Doch das habe ich bereits durch Sandentzug, Stöckchenhiebe und die Karl-Maysche Wasserfolter, kurz all die klugen Mittel, die uns eine reiche Tradition in unserer heldenhaften Bundeswehr hinterließ, versucht. Was aber ist draus geworden? – Nein, Muttl, jetzt nicht! – Frau Quintenschlaeger versucht, ihrem Mann ein Schweinefleischbällchen zum Abbeißen zu geben, aber da die Getreuen allesamt an des Meisters Lippen hängen, gelingt das nicht.

Was ich ihnen anrate, ist dies: Behandeln Sie dieses Unter-Tier so, wie Sie ihre kleinteiligen Texte behandeln müßten: Scharf, bissig, spitzig, mit knallenden Konsonanten darin. Kompromißlos, knackig, biskupeksch. Aber ihr welscher, weicher, versöhnlerischer Charakter, ihr ganzer milder Habitus steht dem entgegen, wie mir eine Vorsehung anzuraten scheint. Diese Gesellschaft räumt mir kein Umgangsrecht mehr mit jenem ehemals mir anvertrauten Vogelgut ein; wir müssen also darüber gar nicht konferieren. Aber wenn ich denn könnte, würde ich hochmoderne Züchtigungsmethoden bei der Wellensittichaufzucht einsetzen, die alle kanarischen und ostischen Erbanlagen ausmerzten – du hältst jetzt deinen Schnabel!

Kina hatte den letzten Teil der Quintenschlaegerschen Rede mit immer heftigeren Einwürfen begleitet. Ich konnte mir diese etwa folgendermaßen übersetzen: Menschen wie Sie, Sie Quintenschlaeger, werden die Tierrechte niemals anerkennen. Drum kann ich für Sie auch die Menschenrechte nicht geltend machen. Den armen Jungs, die sich freuen, endlich mal hart angefaßt zu werden, mal strammstehen zu dürfen, Meldung zu machen, zu kuschen, den können Sie was vorpriestern. Die verdummen Sie mit religiösen Opiumquitten. Doch ich als Vögelpersönlichkeit weiß, daß ich sowohl im Käfig wie im Freiflug mich entwickeln muß. Die Vögelheit wird noch nicht überall als gleichberechtigt anerkannt, und selbst dieser arme Tropf und Kleinteildichter hier wähnt sich unsereinem überlegen, weil er ein Pseudonym tragen kann und von Zuwendungen durch seine Frau nicht profitieren darf, der Schwachschwanz. Pharisäer. Moralapostel. Die Quintessenz quartärer Quanten, quotenquergängiger Quirili, quirrstiger Quarren und Quorren quaquequiquoquu ... Ich beschließe, Kina an dieser Stelle nicht mehr zu verstehen. Muß ich mir alles gefallen lassen? Genügt es nicht, wenn meine Kinder mich mit einem sehr großen Messer im Rücken zu sehen wünschen? Wenn meine Frau mich Miez, Häschen und Brummbär nennt? Wenn meine vormals stattgehabte Freundin mich mangelnder Pünktlichkeit und fehlenden Ungestüms bezichtigt, weil ich mit ihr nie ordentlich und vertrauensvoll klartexte. Klartextete, würde an dieser Stelle der berühmte Landeszeitungs-Redakteur Dr. Frank Quilitzsch zum Konjunktiv raten, aber ich habe keine Lust, meine Möglichkeiten in Form zu bringen. Ich stehe bedrippt in diesem hinterletzten Hinterhaus-Hinterzimmer der Kameradschaft Quintenschlaeger, muß mich Moralapostel nennen lassen, muß mir mein Pseudonym um die Ohren hauen lassen und meine irrationale Zuneigung zu einem herumsittichenden Krakeeler aufs Tablett bringen lassen. Oder aufs Tapet. Auf dem Tablett bringt Frau Quintenschlaeger jetzt die letzten zu Bällchen gewordenen Schweinefleischscheißerchen. Die hirnlosen, rückgratfreien Typen von kirchlicher Sozialarbeiterin bis Rastalocken-Anstandstuch, von Teilzeitbürgermeister bis Fliegenschaftsamtmann grapschen danach und spülen sich alles mit Quittenmist herunter und ...

Halt, flüstert es da an meinem Ohr. Das ist doch alles zu viel Aufwand.

Kina hat sich aus dem Transportbehältnis herausgefedert und ist mir auf die Schulter geflogen. Offensichtlich bekommt er, dicht an meinem Ohr, mit, was ich gerade so vor mich hin denke. Wahrscheinlich denke ich mit ziemlich kräftigen Elektro-Feinstströmen in Form einer negativen Positronenwolke und das sensible Kerlchen empfängt alles ungefiltert im Gigahertzbereich.

Merke dir: Reg dich nicht auf, wenn es sich nicht lohnt, piept er mich sehr hoch von der Seite an: Außerdem empfange ich nicht im Gigahertzbereich, sondern auf der Landeswelle Einundneunzig Vier. Laß uns einfach hier verschwinden, sonst unterschreibst du noch ein Beitrittsformular zur Kameradschaft Quintenschlaeger. Und hastdunichtgesehn bist du bei Vereinen wie „Filmarbeit e.V. für Quex, Emil und die Hitlerjungen“ oder der Quisling-Gesellschaft oder sonstwelchem Quu-Handel gelandet. Schnapp dir erstens die vierte überarbeitete Auflage, falls ich als dein Heimtier mal Patient werde, und laß uns zwootens deine dritte Aufgabe lösen.

Mit etwas Sorge bemerke ich, daß ich dabei bin, Kina als mein Leit-Wesen anzuerkennen.

Quatsch, zirpt Kina, wir beginnen nur, uns symbiotisch zu verhalten. Glaube mir, ohne die Liebe zur Kröte und zum Krötenschluck würden die Grünen heute noch auf den Straßen herumscharwenzeln. Wer Kröten will, muß auch schlukken können und wer sich einen Sittich als Sozialmaßnahme für seine Kinder hält, muß mit dem auch menschenwürdig umgehen. Also ab, durch die Mitte der Gesellschaft.

Ich getraue mir nichts mehr zu denken und muß also handeln. Ich schnappe nach dem Buch und gehe.

9. ORNITHOSE

Wenn man endlich daheim ist, ist man meist unendlich außer sich.

Meine Bude ist mit Ringelpapier gefüllt. Überall flattern gerollte Bögen herum. Nicht ist glatt, gerade, hat Linie. Alles rund, krumm: geistige Schläfenlöckchen. Das Fax hat gearbeitet, abgeratscht, gearbeitet und ausgespuckt. Die Redaktion der hauptstädtischen „Streitschrift" hat, während ich am prallen Leben und an Quintenschlaegers Kameradschaft verzweifelte, alle bei ihr eingegangenen Leserzuschriften zu mir rübergefaxt. Nun liegt der Papiersalat in meinem Zimmer, und ich soll ihn, gesäubert und geputzt, mit Geist gewürzt, fein abgeschmeckt, als Salattellerchen an die Redaktion zurückschicken.

Mein Fax stammt genauso aus dem primären Kommunikationszeitalter, wie mein Dampfcomputer. Meine Kinder hohnlachen jedesmal, wenn das Ding knirschend und mit Trillerpfeifensignal anspringt. Keine Textminderungsfunktion, keine Vorsortieranlage, kein mail-out, load-mind und after-trash. No future, nur museales Papierrascheln.

Kina dreht drei Runden durch den Kommunikationsmüll und verwirbelt die letzte Ordnung.

Bitte, bitte, bitte – soll er machen. Ich bin antiautoritär. Ich stelle niemanden in die Ecke und laß ihn zehnmal die

Conclusio rationalis abschreiben: Ich darf nicht ziellos herumschwirren, weil ich nicht unordentlich, unpünktlich, unvertrauensvoll, un-ungestüm und unklar sein darf. Bei mir soll nicht mal ein Vögelein unter meiner schlechten Laune leiden. Außerdem muß Kina ja das Ganze zu einer klugen, optimistischen, offen kritischen, aber nicht jammerhaften oder gar verbiesterten und vor allem ausgewogenen Kolumne „Der Kritikaster" verarbeiten. Hoffentlich hat er sich von der Quittenzecherei wieder erholt und besitzt einen qularen Kopf. Quatsch: Klaren Quopf. Also: Qularer Quopf.

Abgemacht ist ausgemacht.

Die dritte Aufgabe ist immer die schwerste. Schwerer als die Quipu, die Knotenschrift der Inkas zu entziffern. Aus einem verwirbelten Meinungsstrom, einem tückischen Dings voller Strudel und Untiefen gilt es, einen mächtigen Main-Stream zu machen.

Merk dir, Kina, sage ich, du kannst mit dem Strom schwimmen oder gegen ihn rudern – aber du kannst dich immer nur im Rahmen des Flußlaufes bewegen. Dieser Realismus mit Ufern heißt veröffentlichte Meinung. Neuerdings auch MAINung.

Kina flattert hier und da durch die herumwirbelnden Blätter, pickt mal da was auf und schleppt mal von dort ein Röllchen herbei. Er hackt gelegentlich auf das Papier ein und reißt es in Fetzchen. Ich habe ihm bisher gütlich verboten, unsere Tapete mit einem Lochmuster zu versehen, aber hier sehe ich keinen Grund zum Einschreiten. Schließlich sagt man nicht umsonst: Etwas verreißen. Unter den gefaxten Lesermeinungen jedenfalls fliegen die Fetzen. Vielleicht hat Kina in seiner fernen mongolisch-australischen Urheimat, tief im Osten, den Beinamen Reiß-Zerfecki ...

Hör mal, sagt Kina, ich mache deine Arbeit und du machst einen abgedroschnen Namens-Kalauer. Der einem polnisch-jüdisch-literarischen Mitbürger von Rang in deutscher Wahlheimat gilt. Gleich fünf Verstöße gegen die feine englische Art. Soll ich nun eine Beispiels-Kolumne mit Namen „Kritikaster" aus diesem Zeugs hier zusammensetzen? Die du dann unter deinem Pseudonym für schieres Geld verkauft!

Naja, sage ich, schieres Geld ...

Red nicht, scheißt mich Kina zusammen, wirf deinen Dampfcomputer an und gib ein, was ich aus der zerstückelten Meinung herauslese.

Er setzt sich in Positur, zupft am Brustlatz und diktiert:

Da meinen die einen, in unserem Lande scheffelten die Politiker Unsummen und die anderen sagen, weil die Wirtschaft viel besser zahlt, sind unsere Politiker allesamt bräsig.

Ich tippe brav ein, bin aber etwas verwundert, weil Kina um norddeutsches Wortgut wie „bräsig" weiß.

Ich habe mich eben entwickelt, brummt Kina. Die Sitten und Gebräuche meines Exillandes sind mir wichtig. Drum gibt man gelegentlich Butter bei die Fische mit Lokalkolorit. Doch ungesäumt weiter nun:

Da meinen die einen, man sollte unsere Kindergärtnerinnen besser stellen und die anderen sagen, der öffentliche Dienst schlucke viel zu viel Geld.

Da meinen die einen, das bißchen Supermarktglück werde teurer und teurer und die anderen sagen, unsere Lebensmittel seien unangemessen billig.

Da meinen die einen, Wohnen soll bezahlbar bleiben und die anderen sagen, der Wohnungsleerstand ruiniere das Land.

Da meinen die einen, unserer deutsche Sprache versaubeutele immer mehr und die anderen sagen, moderne Kommunikation müsse nun mal effektiv in jokes und packs erfolgen.

Da meinen die einen, die Flüsse würden zunehmend klarer und die anderen sagen, was drin schwimme, sei immer unklarer.

Da meinen die einen, die guten Sitten und Gebräuche würden immer mehr balkanisiert und die anderen sagen, Mallorca würde immer deutscher.

Da meinen die einen, man könne sich ja nicht mehr auf die Straße trauen und die anderen sagen, man müsse sich auf der Straße viel mehr trauen.

Da meinen die einen, der Generationenvertrag funktioniere nicht mehr und die anderen sagen, die Generationen vertragen sich besser als je zuvor.

Da meinen die einen, ein jeder Wellensittich habe mehr Rechte als ein selbständiger Unternehmer und die anderen sagen, wer nichts selbstständig unternimmt, müsse nach Recht und Gesetz vogelfrei werden.

Da meinen die einen, wenn die anderen mal die Arbeit der einen machen könnten, wäre alles andere in Butter bei die Fische, aber auch Butter ist europaweit einerseits nur ein Austauschprodukt unter anderen ...

Augenblick, zwitschere ich dazwischen: Nun mal geordnet. Man kann nicht alles in einen ausgewogenen Rahmen sperren. Die Meinungswolken im Lande, wo Hoch „Hansi" auf Tief „Minna" folgt, führen gewiß manchmal zu einem Meinungsgewitter, aber der freie Flug der Gedanken darf durch keinen, und sei es einen Faradayschen Käfig ...

Kina unterbricht mich und sagt, ich möge meine politische Großwetterlage und mein Käfigdenken für mich behalten. Er sage nur, was gedacht würde, dazu empfange er schließlich alles auf Landeswelle Einundneunzig Vier. Und außerdem sei es das Geheimnis erfolgreicher Meinungsführerschaft, daß man zum einen zustimmen, zum andern widersprechen kann. Man wolle sich aufregen über die öffentliche Meinung und wolle sich doch wohlig in ihr suhlen dürfen und ausrufen: „Genau so isses! – Aber das ist doch überhaupt nicht so ..."

Aber das ist doch überhaupt nicht so!, quiderspreche ich. Deine Querdenkerei führt nur zu Querulantentum. Zu falschen Quintessenzen. Zu Al Quaida, zu Quotenquatsch, jawohl zu Quotenquatsch und Quislingerei. Habe ich nicht bereits die unheilvollen Qmran-Rollen quantifiziert? Noch gilt hierzuland das Quorum, wie der bekannte Journalist Querengässer gern in der QDZ, der Querdenkerzeitung, mitteilt. Wir brauchen keine quentchenweise Quengelei. Gedankliche Quälgeister haben hier nichts verloren; du machst nur Qualm, wo Qualität gefragt ist, du bist ein hoffnungsloser Quattrocentist, man müßte dir die Quehle, was ein ostmitteldeutsches Handtuch ist, um die querstehenden Ohren schlagen, damit du die Quintana, das fünftägig quotierte Wechselfieber bekommst. Sind unsere Menschen nicht viel zu quabbelig in ihren immer zu großen Quadratlatschen unterwegs? Kein Quästor, kein altrömischer Finanzbeamter, gilt mehr etwas. Und solch Quiproquo, das wird auf Seite 43 erklärt, wie mit dir, habe ich noch quüberquaupt nicht querlebt ...

Ich tschilpe wirklich ein bißchen laut und wundere mich, daß Kina so ruhig bleibt. Er sammelt die Papiere ein, legt sie auf Kante und geht ruhig im Zimmer auf und ab. So ruhig auf-und-abschreiten habe ich ihn noch nie gesehen, während ich mir überaus flatterhaft vorkomme. Wahrscheinlich habe ich mir mit meinem Ausbruch den Schnabel verbrannt. Nicht umsonst hat meine Großmutter mir immer und immer wieder gesagt, ich solle viel öfter meinen Schnabel halten. Meine verquere Donquichotterie kann nur an diesem dämlichen Quittentrank liegen ...

So ist es, versetzt Kina, mein lieber Bisquupek, du hast dir eine Ornithose als spezifische Zoonose zugezogen. Und ich habe meinen Lohn für die drei Aufgaben nunmehr empfangen. Deine Ortnithose wird wohl ein langwierig Ding. Mal sehen, was wir da machen können. Aber ich denke, unser Gebrauchtvogelhändler weiß guten Rat.

Ich quarre, quorre und quitschere ratlos.

10. RÜCKEN IN MESSERSOSSE

Meine Frau kommt ins Zimmer, sieht auf die von Kina trotz allem zwischenzeitlichen Papierordnen angerichtete Wüstenei und schüttelt den Kopf. Meine Kinder, die ganz zufällig mal zu Hause sind, kommen ihr hinterher, stecken ihre Köpfe durch meinen Türrahmen und schütteln mit doppelter Intensität. Sie sind schon immer einhellig der Meinung, ich sei ordnungsmäßig eine menschliche Katastrophe.

Ich will auf meine Frau zugehen, mit meiner charmanten, polnisch-biskupekschen Art, mit der ich sie bislang noch jedesmal versöhnt habe und „Miez" zu ihr sagen, aber meine Frau wedelt mich beidarmig weg und quiekt: Das ist ein aufdringliches Vieh! Kannste das nicht wieder wegschaffen?

Wegschaffen ... Auch meine Frau benutzt seltsames Wortgut. Aus der vergangenen Quislingerei hat sie nichts gelernt. Mit „Wegschaffen" will sie die Liquidierung eines heimatlosen und vielleicht nicht ganz rassereinen Wellensittichs umschreiben.

Kina sagt: Aber natürlich Häschen, wenn du willst. Ich hatte den doch sowieso nur der Kinder wegen angeschafft, aber die eilen mittlerweile auf ihren Karriereleitern immer schneller vorwärts. Ihr Sozialverhalten hat sich auch gebessert. Außerdem sind virtuelle Wellensittiche lebensechter und können nach Wunsch die Farbe wechseln.

Wenn ich könnte, würde ich jetzt die Farbe wechseln. Aber ich bleibe blauweißgelb, eine Mischung, die ich hasse. Ich setze an, um ein bedauerliches Mißverständnis aufzuklären und aus meinem Schnabel kommt: Quarrquerrquirrquorrquurr.

Kina knurrt: Halt deinen Schnabel. Er zupft an seinem Pullover, den ein geschmackloses Adlerflügelmuster ziert und meine Frau sagt doch tatsächlich: Schön, daß du nicht mehr die ollen grauen Schlabberhemden trägst. So was steht dir doch viel besser.

Ich fasse es nicht. Meine Frau betont „steht" in nun wirklich geschmackloser Weise und krault Kina an seinem federnden Bart.

Mir ist ja klar, daß Kina als Vertreter einer speziellen Art von Vögeln das gleichlautende Tätigkeitswort ebenfalls beherrscht, finde es aber ziemlich impertinent, hier vor meinen Augen solches Balzverhalten abzuziehen. Er wird es auch fertigbringen, sich mit meiner stattgehabten Freundin zu versöhnen, weil er so tun wird, als würde er jetzt nur noch Klartext quasseln.

Gell Hase, sagt meine Frau, du bringst das Viech wieder weg? Und den ganzen Zubehör-Klumpatsch mit dem Fachbuchmist dazu! Und ich hol uns was Schönes zu essen, vielleicht einen Lammrücken. Da mach ich mal wieder die scharfe Soße dazu, die dein Vatl immer Messersoße nannte, so scharf, wie ich die gekocht hab.

Ich weiß nicht, ob Kina nun auch zum Fleischfresser mutiert ist. Aber über die Rechte von Hasen und Lämmern wird er sich ohnehin keinen Kopf machen. So erbarmungslos und gierig, allen Pflanzenrechten hohnsprechend, wie er das eiweißreiche Trill-Körnerfutter zermantscht hat.

Meine Frau geht sich schönmachen, wie sie das nennt, und Kina schnarrt mich an: Hör mal, auch wenn ich in meiner jetzigen Form gezwungen bin, Fleisch zu verdauen – ich bleibe ein Vertreter der Tierrechte und mache eine deutliche Trennung zwischen Pflanze und Tier. Solange Tiere in menschenunwürdiger Weise vegetieren müssen, solange können Pflanzen keine Persönlichkeitsrechte gewährt werden. Wir können noch nicht alles sofort erreichen. Wer einmal aus dem Vogelnapf fraß, merkt sich das. Merk dir das! Dir und deiner Karriere als Kleinteiltexter hätte es auch nicht geschadet, dich ab und zu mal in ein anderes Wesen hineinzuversetzen. Bei euch machen so was höchstens die Dramatiker, und auch die liefern fast nur Blödsinn ab. Wenn ich bloß an „Die Vögel" von Aristophanes oder Hitchcock denke. So abgeschmackt können nur Europäer schreiben.

Aber du kannst alles besser, hohnquitschere ich. Du hast doch bisher noch nicht einen Text alleine gemacht! Du bist drei Runden durchs Zimmer geflogen und hast mir Bruchstücksätze diktiert. Sich was ausdenken, bloß mit Phantasie, das konnte schon immer der unbegabteste Mensch und sogar Wellensittiche bringen das, wie ich jetzt weiß. Aber damit

kommst du heute doch nicht mehr weit. Du mußt deine Texte maschinenorientiert abliefern. Du mußt das Satzgewerbe und den perfekten Umbruch beherrschen. Umbruch heißt die Devise, nicht Umsturz. Seitenrandausgleich statt Klassenvergleich. Du mußt das Werbe-Umfeld bedenken, in dem dein Text steht. Du mußt mailen können, downloaden, trashen ...

Und du kannst das, was? Das bißchen, was ich brauche, werden mir deine Kinder schon beibringen. Zu denen ich ein viel besseres Verhältnis haben werde, wenn du erst mal abgeschafft bist.

Quo vadis, beschwöre ich ihn verzweifelt, das sind doch Al Quaida-Methoden, ich hab dir hier ein Zuhause gegeben. Ich habe dich nicht nur im Käfig, sondern auch im Freiflug gehalten. Du weißt doch gar nicht, wie du mit meinen Freunden und ihren Pseudonymen umgehen mußt, mit den Rehleins und Wachenschwänzen. Wahrscheinlich kennst du nicht mal meine bürgerliche Unterschrift, die ich im Verband der Kleinteiltexter geleistet habe. Du machst dich der Amtsanmaßung und Urkundenfälschung schuldig! In Tateinheit!!

Typisch euromenschliche Überheblichkeit, entgegnet Kina aufgebracht: Habe ich nicht deine läppischen Schreibaufgaben besser gelöst, als du es je gekonnt hättest? Ich habe miserable Texte von Heine, Brecht und Peter Gosse, von Storm und Mark Twain gecovert, daß sie lesbar wurden. Ich kann doch deinem Pseudonym nur guttun, du Halbdichter.

Mit diesen Worten packt Kina mich und sperrt mich in den Edelstahlkäfig. Ich schaukele wie wild auf dem Wackelhölzchen und hacke auf meinem miesen Plast-Ebenbild herum. Wie kann man fühlenden Wesen so eine Sexpuppe beigesellen und denken, damit sei dem Wunsch nach sozialem Verhalten Genüge getan?

Kina benutzt wohlweislich nicht das Transportbehältnis, leicht zugänglich, abgeschrägt, weil er aus eigener Erfahrung weiß, wie schnell man sich da herausfedern kann. Er stopft die Wellensittichbücher, den Rest vom Trill-Futter und die von ihm und von mir verschmähten Hirsekolben in einen Beutel. Dann wirft er ein blaugelbgemustertes Handtuch über den Käfig, obwohl er doch wissen müßte, daß ich diese Farben absolut nicht mehr leiden kann und auch noch nie FDP gewählt habe, obwohl ich für liberale Toleranz und gegen totalitäre Diktatur bin.

Kina trabt mit mir quer über den Marktplatz. Quer! Will er mich etwa im Briefkastenschlitz entsorgen, eine Wellensittichklappe eröffnen ... Er läßt den Postkasten links liegen. Vor dem Rathaus hat sich wieder mal eine große Menge versammelt. „Wir demonstrieren für ein Miteinander“ steht blau auf weißem Spruchband. Die Angestellten vom Katasteramt, von der Meldestelle für Bedenken, den Bürgerbüros, die Mitglieder vom deutschen Waldverein und die blankgeputzten Kameraden von Quintenschlaeger haben sich zu einer Menschenkette vereint. Die Kameraden singen mit blanken Bässen: „Alte Not gilt es zu zwingen. – Und wir zwingen sie vereint.“

Na bitte, murmelt Kina, da sind sie doch mittendrin in ihren Strukturen. Der einzelne ist frei beweglich, ob in Käfig oder Freiflug; leg ihn an eine Menschenkette und er wird schwerfällig und läßt jede Entwicklung versanden.

Kina geht mit mir schnurstracks zum Gebrauchtvogelhändler. Das war wohl doch nicht das richtige Hobby, sagt der jovial zu Kina. Aber ich habe hier ein paar schöne Schleierschwänze hereinbekommen. Wenn Sie die mitsamt Aquarium nehmen, bekommen Sie „Quapp-Fischfutter eiweißreich mit Vitaminen“ umsonst. Sie müssen nur noch zwoohundertneunundneunzig berappen. Zu diesem Vogelhändler kann ich kein Vertrauen mehr haben.

Kina, er ist eben doch ein dummer Vogel, willigt ein und schleppt das Aquarium von dannen. Und ich bleibe hinter Edelstahlgittern allein. Allein zwischen großschnäbligen Kanarienvögeln, Hamstern und Staubsaugern.

11. NA, DEN KENNEN WIR DOCH,

Sagt Herr Quintenschlaeger und kommt mit einem ekelhaft großen Zeigefinger auf mich zu. Ich quetsche mich an die hinteren Käfigstäbe, aber dort wartet er mit dem zweiten ekelhaft großen Zeigefinger und fährt grob über meine Federn. Ich werde schnabelgreiflich und erkläre lautstark mein Unbehagen. Wenn Menschen menschlich sein wollen, sind sie besonders ekelhaft.

Der Vogelhändler meines Mißvergnügens scharwenzelt um Quintenschlaeger herum und sagt, er würde mich ihm gleich einpacken. Der Vorbesitzer sei wohl doch nicht so glücklich mit mir gewesen.

Ich überlege noch, sagt Quintenschlaeger, das ist so ein intellektueller Besserwisser. Der kennt Schleichwege wie Ausreden. Solche hintertückschen Schmarotzerpflanzen haben wir eigentlich genug. Die zerpicken unser gesundes Grundempfinden. Aber ich habe wichtige Experimente am lebenden Vögelmaterial vor. Dafür ist so ein Unter-Tier bestens geeignet. Vielleicht heben Sie mir ihn noch mal einen Tag auf.

Gut, sagt der Vogelhändler meines Mißvergnügens, ich lege ihn für Sie zurück.

Das Glöckchen an der Tür bimmelt, als Quintenschlaeger den Lebend-Getier Show-Room verläßt. Nun bin ich wieder allein. Ich habe zumindest noch einen Tag und knaspere an den Körnern mit natürlichem Eiweiß und Vitaminen. Natürlich bin ich nicht ganz allein. Es quirrt und quorrt und quitschert.

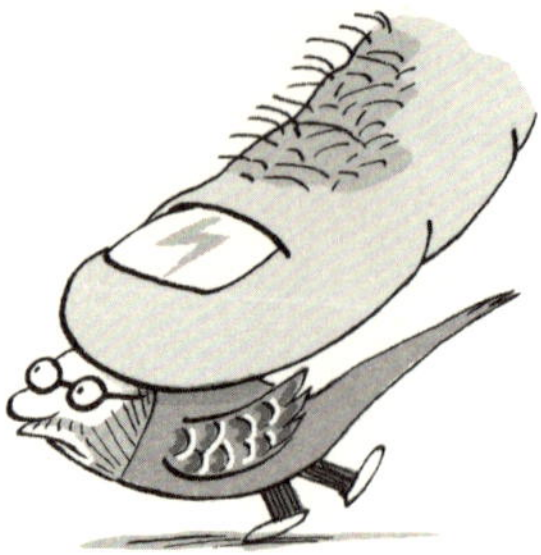

Q

Kraut-und
Heimat-
tee